꽃잎 하나, 마음 하나

꽃잎 하나, 마음 하나

초판 인쇄 2024년 11월 1일
초판 발행 2024년 11월 8일

지은이 전유리
펴낸이 안창근
펴낸곳 아트인북
기획·편집 안성희
디자인 엘리펀트스위밍

출판등록 2013년 10월 11일 제399-2016-000032호
주소 경기도 남양주시 별내5로 81, 3106-1101
대표전화 02 996 0715
팩시밀리 0504 447 9776
홈페이지 www.koryobook.co.kr
이메일 koryo81@hanmail.net

© 전유리
ISBN 979-11-89375-07-2 13600

· 잘못된 책은 구입처에서 바꿔 드립니다.
· 아트인북은 고려문화사의 예술 도서 브랜드입니다.

| 책 소개 | 『꽃잎 하나, 마음 하나』는 우리에게 위로와 힐링을 선사하는 꽃과 식물의 모습을 스티커로 재현한 플라워 스티커 아트북입니다. 독자분들이 꽃잎과 이파리를 한 장씩 붙이며 자연을 느끼고 휴식을 취하며 위안을 얻기를 바라면서 제작하였습니다. 1번부터 번호 순서에 맞춰 스티커를 바탕지에 붙이기만 하면 아름다운 보태니컬 작품이 완성되고, 몰입의 즐거움과 성취감을 느낄 수 있습니다. 비싼 재료와 도구가 없어도 이 책 한 권만으로 나만의 예술 취미를 즐길 수 있습니다. 여러분을 플라워 스티커 아트북의 세계로 초대합니다. |

| 책 사용법 | ① 열 개의 꽃 중 마음에 드는 꽃을 선택합니다. 난이도가 표시되어 있으니 참고해서 선택해주세요.
② 선택한 꽃의 스티커지를 찾아서 바탕지에 1번부터 번호 순서대로 스티커를 붙여주세요.
③ 완성! |

바탕지 　　　　　스티커지

| 기억해주세요 | 작품의 특성상 스티커를 붙이다 보면 먼저 붙인 스티커 때문에 붙이려는 스티커의 밑본이 일부분만 보이는 경우가 있습니다. 그럴 땐 겹치지 않는 부분을 기준으로 삼고, 작품의 원본 이미지를 참고하여 붙이면 됩니다. 원본과 똑같지 않아도 괜찮습니다. 나만의 작품을 즐기며 붙여주세요. |

꽃 소개

라벤더
난이도 ★☆☆
바탕지 *p.9*
스티커지 *p.50*

금강초롱
난이도 ★☆☆
바탕지 *p.13*
스티커지 *p.51*

붓꽃
난이도 ★★☆
바탕지 *p.17*
스티커지 *p.54*

스위트피
난이도 ★★☆
바탕지 *p.21*
스티커지 *p.55*

튤립
난이도 ★☆☆
바탕지 *p.25*
스티커지 *p.58*

망개 열매
난이도 ★★☆
바탕지 p.29
스티커지 p.59

프리지어
난이도 ★★★
바탕지 p.33
스티커지 p.62 p.63

나팔꽃
난이도 ★★☆
바탕지 p.37
스티커지 p.66

목련
난이도 ★★★
바탕지 p.41
스티커지 p.67 p.70

수국
난이도 ★★★
바탕지 p.45
스티커지 p.70 p.71

바탕지

라벤더 ······················ 난이도 ★☆☆ *p.9*

금강초롱 ·················· 난이도 ★☆☆ *p.13*

붓꽃 ························ 난이도 ★★☆ *p.17*

스위트피 ·················· 난이도 ★★☆ *p.21*

튤립 ························ 난이도 ★☆☆ *p.25*

망개 열매 ················· 난이도 ★★☆ *p.29*

프리지어 ·················· 난이도 ★★★ *p.33*

나팔꽃 ····················· 난이도 ★★☆ *p.37*

목련 ························ 난이도 ★★★ *p.41*

수국 ························ 난이도 ★★★ *p.45*

정절, 풍부한 향기, 기대, 대답해주세요

라벤더

Lavender

일러스트레이터로 활동하기 전에 청첩장 일러스트 작업 의뢰를 받았던 적이 있습니다. 예비 신부님이 라벤더를 가장 좋아한다고 하셔서 라벤더 꽃밭에서 라벤더 꽃다발을 들고 있는 예비 부부의 모습을 그려 드렸어요. 완성된 그림을 보고 두 분이 무척 좋아하셨는데 그 모습을 보면서 그림을 그리는 직업을 꿈꾸게 되었어요. 라벤더는 지금의 저를 있게 해준 매우 특별하고 고마운 존재랍니다.

작품 완성 가이드

난이도 ★☆☆

1 1번부터 순서대로 붙여야 원본과 같은 작품으로 완성됩니다.
2 라벤더는 난이도가 높지 않아 플라워 스티커 아트북을 시작하기에 좋은 작품입니다.
3 긴 줄기에는 양쪽 끝에 번호를 적어 두었습니다. 한쪽 끝부터 조금씩 붙여주세요.

각시와 신랑, 청사초롱

금강초롱

Gumkang Bluebell

식물을 그리는 직업을 갖고 있다 보니 종종 멸종 위기 식물의 작업을 의뢰받곤 합니다. 그럴 때 꼭 들어가는 꽃이 금강초롱이에요. 금강산에서 처음 발견되어서 금강초롱이란 이름을 갖게 된 금강초롱은 한국 고유종인데 현재는 멸종 위기에 처해 있다고 하니 안타까운 마음입니다. 두 손을 곱게 모아 감싼 듯한 꽃 모양이 꽃의 소중함을 더 느끼게 해주는 것 같아요.

작품 완성 가이드

난이도 ★☆☆

1. 1번부터 순서대로 붙여야 원본과 같은 작품으로 완성됩니다.
2. 구부러진 길고 얇은 줄기를 붙일 때만 주의하면 어렵지 않게 완성할 수 있는 작품입니다. 한쪽 끝부터 조금씩 붙여주세요.

좋은 소식, 사랑의 메시지

붓꽃

Iris

붓꽃은 제가 가장 좋아하는 꽃 중 하나예요. 꽃도 예쁘지만 특히 '좋은 소식'이라는 꽃말이 마음에 들었어요. 꽃말을 알고난 뒤에는 붓꽃을 보기만 해도 기분 좋은 소식이 들려올 것만 같았거든요. 붓꽃 스티커를 붙이는 동안 여러분에게도 좋은 소식이 날아들기를 바라봅니다.

작품 완성 가이드

난이도 ★★☆

1. 1번부터 순서대로 붙여야 원본과 같은 작품으로 완성됩니다.
2. 긴 줄기에는 양쪽 끝에 번호를 적어 두었습니다. 한쪽 끝부터 조금씩 붙여주세요.
3. 15번~20번의 스티커는 겹치는 부분이 많습니다. 스티커가 떨어지지 않게 잘 눌러가며 붙여주세요

새로운 출발, 나를 기억해 주세요, 기쁨, 가련

스위트피

Sweet Pea

애니메이션 「센과 치히로의 행방불명」의 첫 장면에서 주인공 치히로가 가지고 있던 꽃다발을 기억하시나요? 치히로가 이사갈 때 친구들에게 받은 꽃다발이에요. 저도 처음 영화를 봤을 때 어떤 꽃인지 몰라 찾아 봤는데요, '새로운 출발, 나를 기억해주세요'라는 꽃말을 가진 스위트피였어요. 꽃다발 카드에는 "치히로 건강하게 지내, 또 만나자"라고 적혀 있었어요. 혹시 여러분 주변에 새로운 출발을 하는 지인이 있다면 스위트피를 완성해 마음을 전달해보면 어떨까요?

작품 완성 가이드

난이도 ★★☆

1. 1번부터 순서대로 붙여야 원본과 같은 작품으로 완성됩니다.
2. 작고 가는 줄기를 붙일 때는 핀셋을 이용하면 쉽게 붙일 수 있습니다.
3. 구부러지고 갈라진 줄기를 붙일 때는 한쪽 끝부터 조금씩 붙여주세요.

자애, 명성, 명예

튤립
Tulip

여러분은 기억에 남는 선물이 있으신가요? 저는 친구에게 꽃 화분을 선물 받은 게 가장 기억에 남아요. 꽃을 좋아하는 저에게 친구가 직접 구근을 심어 키운 다홍색의 예쁜 튤립을 선물해주었거든요. 직접 키운 꽃을 선물받다니, 그 어떤 선물보다 특별하고 소중한 선물이었어요. 여러분도 꽃을 키우는 마음으로 예쁘게 튤립을 완성해 선물해보시면 어떨까요?

작품 완성 가이드

난이도 ★☆☆

1 1번부터 순서대로 붙여야 원본과 같은 작품으로 완성됩니다.

2 긴 줄기에는 위아래에 번호를 적어 두었습니다. 한쪽 끝부터 조금씩 붙여주세요.

3 바탕지가 아닌 스티커 위에 붙이는 스티커가 있습니다(13, 14, 15, 22번).

4 18번은 원본을 참고하여 적당한 위치에 붙여주세요.

사랑스러움, 멋짐

망개 열매

Smilax China

여러분들은 스트레스를 어떻게 푸시나요? 저는 스트레스가 쌓이면 종종 망개 열매를 그리고 오리며 시간을 보내요. 신경 써서 모양을 낼 필요도 없고 모양이 조금 삐뚤어져도 괜찮아요. 동글동글하게 종이를 오리다 보면 잡념도 사라지고 날카로웠던 마음도 둥글어지는 느낌이에요. 혹시 여러분도 머릿속이 복잡하시다면 망개 열매를 하나씩 붙여 보세요. 분명 머리도 맑아지고 마음도 편안해질 거예요.

작품 완성 가이드

난이도 ★★☆

1. 1번부터 순서대로 붙여야 원본과 같은 작품으로 완성됩니다.
2. 다양한 모양의 가지들이 있어 어려워 보일 수 있지만 가지만 잘 붙이고 나면 어렵지 않은 작품입니다.
3. 빨간 열매 속 검은 점의 방향은 원본을 참고하여 비슷하게 붙여도 되지만 마음이 가는 대로 자유롭게 붙이면 됩니다.

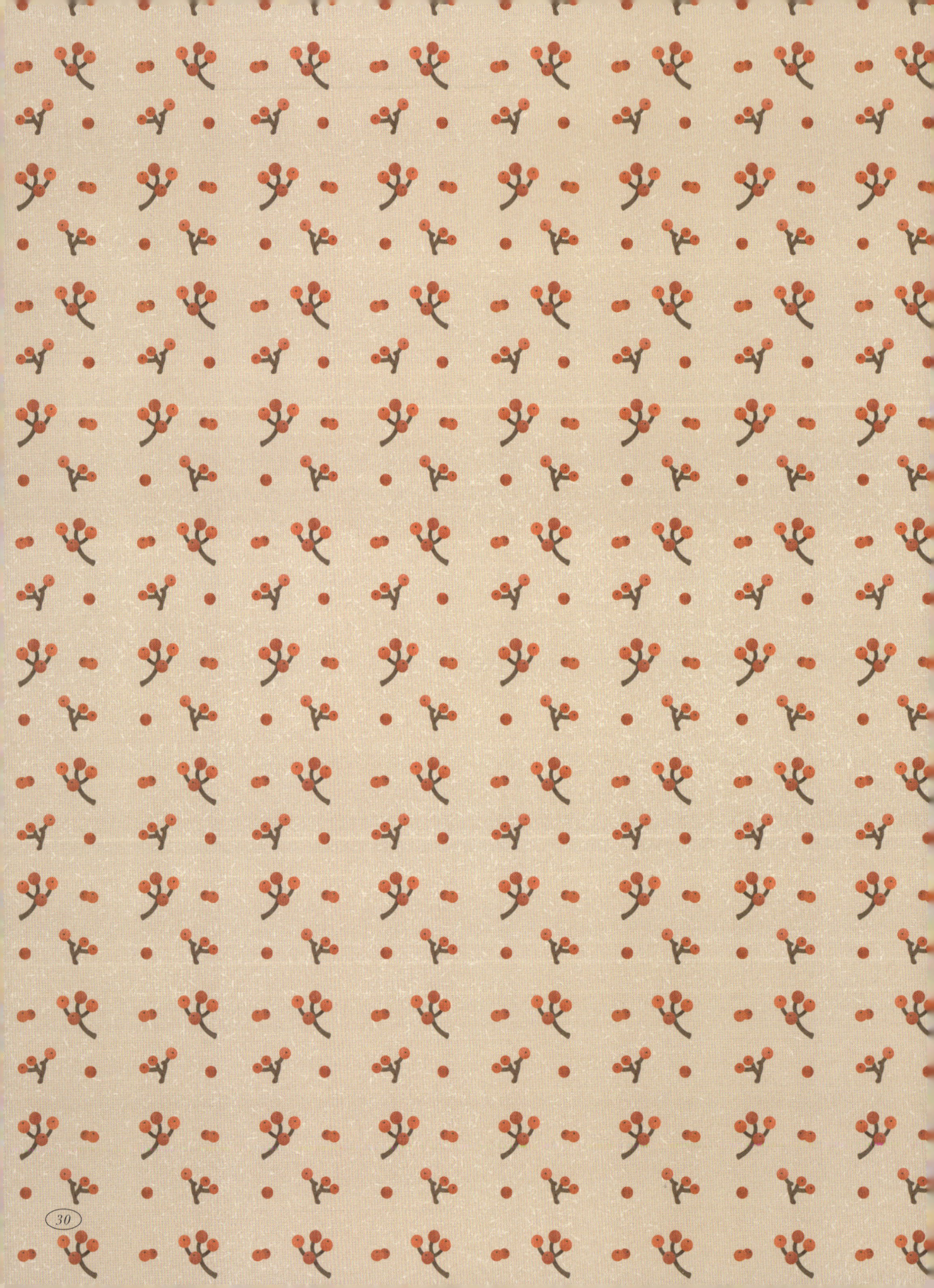

순결, 순진한 마음

프리지어

Freesia

어릴 적에 제가 받았던 꽃다발은 대부분 프리지어와 안개꽃으로 된 꽃다발이었어요. 그때는 그게 유행이었는지 입학식이나 졸업식 사진을 보면 크기만 다를 뿐 친구들도 모두 비슷한 프리지어 꽃다발을 들고 있어요. 너무 흔해서였는지 어린 시절엔 프리지어가 촌스럽다고 생각했어요. 노랗게 활짝 핀 꽃과 초록을 머금은 봉오리까지 이렇게 예쁘기만 한데 말이죠.

작품 완성 가이드

난이도 ★★★

1. 1번부터 순서대로 붙여야 원본과 같은 작품으로 완성됩니다.
2. 꽃잎이 많고 먼저 붙인 스티커로 밑본의 일부가 가려지기도 해서 스티커를 붙이는 것이 어렵게 느껴질 수 있습니다. 그럴 땐 가려지지 않은 부분을 기준으로 삼고 원본을 참고하며 스티커를 붙입니다.
3. 바탕지가 아닌 스티커 위에 붙이는 스티커가 있습니다(47, 48, 49, 72, 80, 81번).

풋사랑, 덧없는 사랑, 기쁨

나팔꽃

Morning Glory

시골에서 어린 시절을 보낸 저는 늘 식물과 함께했어요. 학교 가는 길에는 계절마다 꽃들이 바뀌며 피었고, 여름에는 활짝 핀 나팔꽃이 아침 등굣길을 배웅해줬던 기억이 나요. 제가 어릴 땐 너무 흔한 꽃이었는데 요새는 찾기가 쉽지 않은 것 같아 아쉬운 생각이 듭니다. 여러분의 등굣길엔 어떤 꽃들이 피어 있었나요? 제가 어릴 적 시골길을 추억하며 나팔꽃을 그렸던 것처럼 여러분도 등굣길을 추억해보며 작품을 완성하면 좋을 것 같아요.

작품 완성 가이드

난이도 ★★☆

1. 1번부터 순서대로 붙여야 원본과 같은 작품으로 완성됩니다.
2. 6번과 7번 줄기는 화병 밖의 밑본이 보이는 부분을 먼저 붙인 뒤 원본을 보면서 대략적으로 붙여주세요.
3. 바탕지가 아닌 스티커 위에 붙이는 스티커가 있습니다(16, 19, 26번).

자연에의 사랑

목련

Magnolia

"엄마는 무슨 꽃 좋아해?"
"목련! 하얗게 핀 목련꽃을 보면 마음이 깨끗해지는 것 같아."
제 질문에 엄마가 행복하게 미소 지으면서 대답하셨어요. 그림을 그리는 직업을 가진 뒤 서른 중반에서야 엄마가 좋아하는 꽃이 무엇인지 알게 되었어요. 이제는 목련꽃을 보면 엄마 생각이 나요. 여러분도 목련 꽃잎을 붙이며 저희 엄마처럼 마음이 깨끗해지는 기분을 느끼시면 좋겠습니다.

작품 완성 가이드

난이도 ★★★

1. 1번부터 순서대로 붙여야 원본과 같은 작품으로 완성됩니다.
2. 바탕지가 아닌 스티커 위에 붙이는 스티커가 있습니다(20번).
3. 23번과 31번 꽃잎을 붙일 때 밑본이 많이 가려져 방향을 잡기가 어렵습니다. 원본을 참고하여 붙여주세요.

냉정, 거만, 무정

수국

Hydrangea

수국 좋아하시는 분들 많으시죠? 저는 사인 요청을 받을 때면 메시지 대신 좋아하는 꽃이 있는지 여쭤보고 그 꽃을 그려드리곤 해요. 그럴 때 수국을 말씀하시는 경우가 많아 수국을 많이 그려드렸어요. 근데 여러분 그거 아세요? 우리가 꽃잎이라고 생각하는 부분이 사실은 꽃받침이래요. 풍성하고 화려한 꽃받침 안에 아주 작은 꽃이 피는 것이라고 하니 여러분도 수국을 만나면 진짜 꽃을 찾아보시는 것도 재밌을 것 같아요.

작품 완성 가이드

난이도 ★★★

1. 1번부터 순서대로 붙여야 원본과 같은 작품으로 완성됩니다.
2. 꽃잎의 방향을 가늠하기 어려운 스티커는 스티커지와 바탕지에 점(•)으로 표시를 해두었습니다. 스티커의 점과 밑본의 점을 같은 방향으로 맞춰 붙여주세요.
3. 먼저 붙인 스티커 때문에 밑본이 가려지는 부분은 원본을 참고하여 붙입니다.

스티커

라벤더 ——————— 난이도 ★☆☆ *p.50*

금강초롱 ——————— 난이도 ★☆☆ *p.51*

붓꽃 ——————— 난이도 ★★☆ *p.54*

스위트피 ——————— 난이도 ★★☆ *p.55*

튤립 ——————— 난이도 ★☆☆ *p.58*

망개 열매 ——————— 난이도 ★★☆ *p.59*

프리지어 ——————— 난이도 ★★★ *p.62* *p.63*

나팔꽃 ——————— 난이도 ★★☆ *p.66*

목련 ——————— 난이도 ★★★ *p.67* *p.70*

수국 ——————— 난이도 ★★★ *p.70* *p.71*

시작 전에 읽어주세요!

◇ 1번부터 번호 순서대로 붙여야 원본과 같은 작품으로 완성됩니다.

◇ 스티커가 찢어지지 않게 살살 떼어주세요.

◇ 스티커의 한쪽 끝부터 밑본의 흰 부분을 잘 가리며 붙입니다.

◇ 스티커를 붙이다 보면 먼저 붙인 스티커에 가려져 밑본의 일부가 안 보이는 경우가 있습니다. 가려지지 않은 부분을 기준으로 삼고, 원본 이미지를 참고하여 붙여주세요.

◇ 복잡한 꽃잎은 밑본 위에 스티커를 살짝 대보고 위치를 파악한 뒤에 붙입니다.

◇ 원본과 좀 다르게 붙여도 괜찮습니다. 원본과는 좀 다르겠지만 자신만의 개성이 담긴 작품으로 탄생하게 됩니다.

붓꽃

바탕지 *p.17*

스위트피

난이도 ★★☆

바탕지 p.21

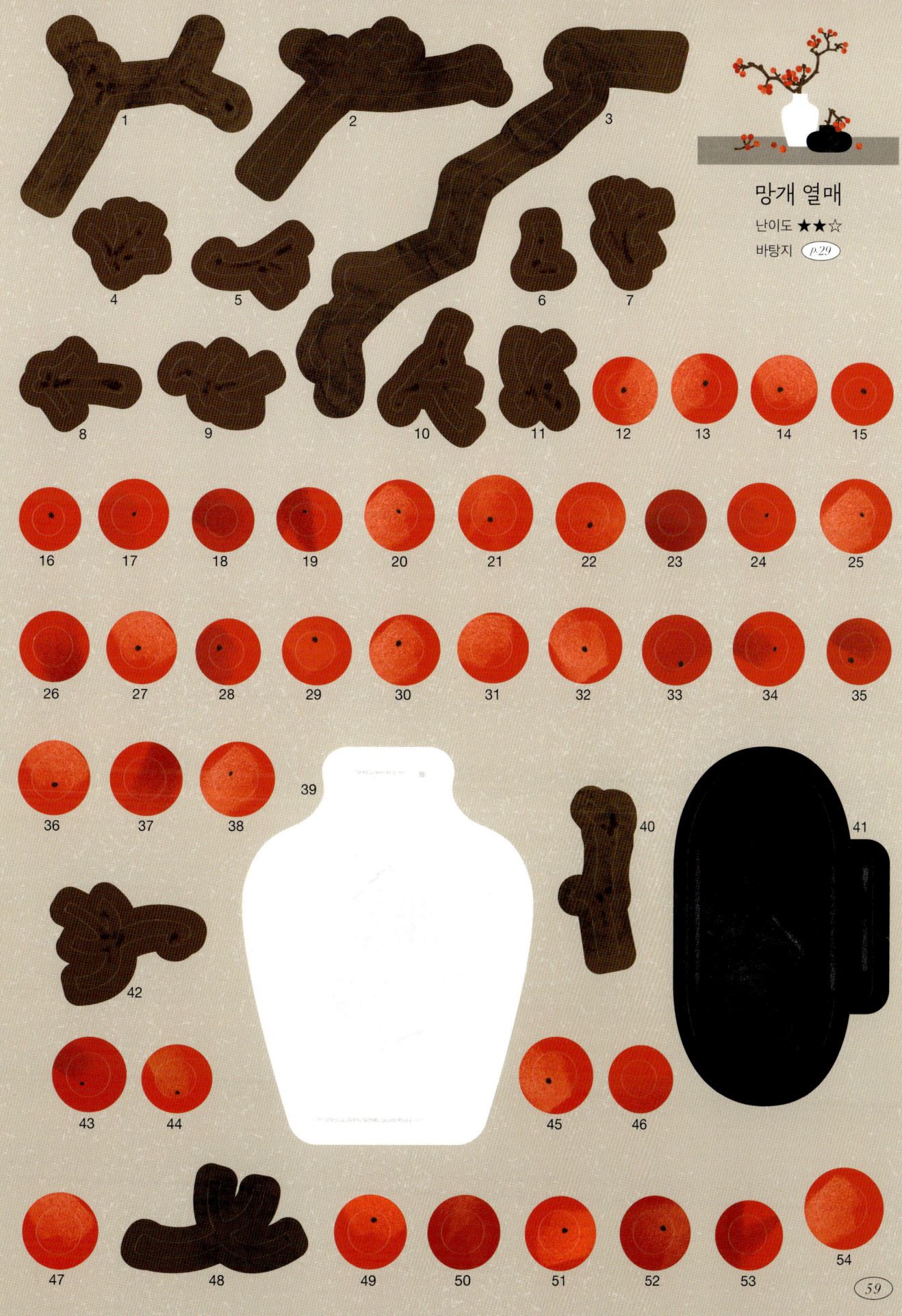

프리지어

바탕지 *p.33*

프리지어

바탕지 *p.33*

목련

바탕지 p.41

수국

바탕지 p.45

수국

난이도 ★★★
바탕지 *p.45*